Susann Grune

Die Relevanz einer deutsch-deutschen Wertegemeinschaft

GRIN Verlag

Bibliografische Information der Deutschen Nationalbibliothek:

Die Deutsche Bibliothek verzeichnet diese Publikation in der Deutschen National-bibliografie; detaillierte bibliografische Daten sind im Internet über http://dnb.d-nb.de/ abrufbar.

Impressum:

Copyright © 2007 GRIN Verlag GmbH
Druck und Bindung: Books on Demand GmbH, Norderstedt Germany
ISBN: 978-3-656-64795-9

Dieses Buch bei GRIN:

http://www.grin.com/de/e-book/210653/die-relevanz-einer-deutsch-deutschen-wertegemeinschaft

Friedrich-Schiller-Universität Jena
Institut für Interkulturelle Wirtschaftskommunikation
Online Seminar Kulturgeschichte Deutschlands, WS 2007/08

Verfasser: Susann Grune
Datum: 17. 12. 2007

Aufgabe: Fassen Sie unter Bezugnahme auf den angehängten Text von Meulemann wesentliche Merkmale der Wertestrukturen und des Wertewandels im vereinten Deutschland zusammen.
Quelle: Meulemann, Heiner, Werte und Wertewandel im vereinten Deutschland, in: Aus Politik und Zeitgeschichte B 37-38/2000, S. 13-22.

Die Relevanz einer deutsch-deutschen Wertegemeinschaft

Es liegt in der Natur der Sache, dass Gemeinsamkeiten und Unterschiede oft latent und aufgrund höherer Subjektivität in der Wahrnehmung schwer zu konkretisieren sind. Trotzdem unternimmt die folgende Zusammenfassung wichtiger Merkmale der Wertestrukturen und des Wertewandels im vereinten Deutschland den Versuch der genaueren Beschreibung. Zuerst stellt der Autor die Grundannahme vor, auf der alle weiteren Überlegungen aufbauen: Nämlich das die Bürger, der sich auflösenden Deutschen Demokratischen Republik, den Wiedervereinigungsprozess mit der alten Bundesrepublik und den folgenden Wandel im Jahr 1989 basierend auf ihrer Sozialisation vollziehen.[1] Es kommt nicht zwangsläufig zur wertorientierten Ost-West Anpassung. Schließlich unterstellt das weitere Argumentationsmuster ein "Zusammenwirken"[2] und eben keine Unabhängigkeit der Sozialisation von der Situation, da Werte auch z. B. durch höhere Arbeitslosigkeit auf den 'Prüfstand' geraten. Allgemein assoziiert der Autor im normativen Sinn mit dem Wertbegriff "Vorstellungen des Wünschbaren"[3], da dieser dem Menschen gesellschaftliche Orientierung bieten soll.

Primär für diese Integration und den Bestand der Gesellschaft sind *Gleichheit* und *Leistung*, weil diese Werte Individuen voneinander unterscheiden und diese Abgrenzung verantworten.[4] Aufgrund mehrerer Bedeutungsdimensionen beider traditioneller Begriffe muss eine genaue Erläuterung vorgenommen werden: Sowohl die Werte der Gleichheit als auch der Leistung basieren auf dem Verteilungsprinzip und schließen sich unter dieser Prämisse logisch aus. Demnach meint insbesondere die Ergebnisgleichheit, dass es ein leistungsunabhängiges und ein dem Status entsprechendes Einkommen gibt, was impliziert das Ungleichheit auf gegensätzlichen Leistungen basiert. Im Gegensatz dazu rechtfertigt der Wert der Leistung Unterschiede im Einkommen mit bestimmten auf gleichen Anfangsbedingungen beruhenden Leistungen wie Ehrgeiz.[5] Eine andere – 'nichtverteilungsbasierte' – Betrachtung des Wertes der Leistung erklärt die Prioritätensetzung zwischen Arbeit und Freizeit, die je nach Schwerpunkt etwas über Identifikation mit dem Beruf bzw. mit anderen Aktivtitäten aussagt.[6] Üblicherweise korreliert der Leistungswert stark mit dem Wert der Selbstentfaltung, weil sich das eben erwähnte Arbeit-Freizeit Verhältnis und die Ausprägung der Individualität aufgrund funktionsspezifischer Arbeitsbereiche verändert. Vervollständigt werden Werte der Gleichheit und

---

1Vgl. Meulemann, Heiner, Werte und Wertewandel im vereinten Deutschland, in: Aus Politik und Zeitgeschichte B 37-38/2000, S. 13.
2Ebd., S. 13.
3Ebd., S. 13. Diese Definition ist wichtig für eine spätere Indikatorenbildung, um die Wirkung der Sozialisation empirisch zu messen und statistisch erheben zu können.
4Vgl. ebd., S. 13.
5Vgl. ebd., S. 15. Obwohl an dieser Stelle die Sicht des Autors etwas idealistisch und stark vereinfacht ist, wenn behauptet wird, dass Leistung ein "Ergebnis individueller, nach verbindlichen Gütemaßstäben messbare Anstrengung" ist.
6Vgl. ebd., S. 17.

Leistung durch die *Mitbestimmung*. In Anlehnung an den Text zeigt sich dieser Wert erstens in der Partizipation an der Politik und zweitens in Erziehungszielen, wobei in beiden Fällen ein 'Ringen' um die Macht erfolgt.[7] Ein weiterer nicht zwangsläufig die gesellschaftliche Integration garantierender Wert ist *Akzeptanz*.[8] Diese Ausführlichkeit dient dem Zugang zur spezielleren vom Autor aufgestellten Strukturhypothese, wonach unterschiedliche Wertorientierungen in Ost- und Westdeutschland eine ostdeutsche Präfererenzhaltung nach der Wende von *mehr* Gleichheit bzw. Akzeptanz und *weniger* Leistung bzw. Mitbestimmung bewirken müssten.[9] Desweiteren erstreckt sich die Hypothese auf zwei Erklärungsebenen, weil mit dem ersten Argument – *Strukturchancen des Individualismus* – auf verschiedenartige Sozialverfassungen abgehoben wird, die den DDR-Bürgern mehr Leistungen und den BRD-Bürgern mehr Optionen geboten haben. Dies und der Meinungspluralismus in einer differenzierten westdeutschen Gesellschaft begünstigen Individualisierung, aber bewirken auch Ungleichheit. Im Gegensatz dazu gab es in der DDR weniger Ungleichheit und mehr Kollektivdenken, wobei sich Abweichungen zwischen Ost- und Westdeutschland mit dem zweiten Argument – dem *Diktat der Politik* – erklären. Hiermit ist die Vormachstellung der Sozialistischen Einheitspartei Deutschlands und die Beeinflussung der DDR-Bevölkerung durch den Marxismus-Leninismus gemeint. Prognostiziert wird nun, dass sich die erwähnte Strukturhypothese auf dreierlei Art entwickelt, nämlich im Sinn einer Annäherung der Ost- an die Westgesellschaft, einer Konstanz der eigenen Sozialisation in den ersten Jahren nach der Wiedervereinigung oder es tritt eine Distanzierung von westdeutschen Werten ein.[10]

Der Verlauf eines etwaigen Wertewandels im vereinten Deutschland soll nun skizziert und anhand folgender These kritisch beleuchtet werden: *Eine Wertannäherung oder gar Übereinstimmung zwischen Ost- und Westdeutschland ist entgegen gängiger Meinungen nicht von Vorteil.* Demzufolge spricht nichts gegen eine Konstanz in den Wertorientierungen – unter der Vorraussetzung – das andere Werte nicht verurteilt, sondern als Bereicherung angesehen werden. Schließlich entspricht diese Sicht eher der Realität und dem Trend als irgendwelche 'naiven' Vorstellungen über ein automatisches Zusammenwachsen beider Staaten.[11] Besonders deutlich wird diese Neigung der Ostdeutschen, wenn Ergebnisgleichheit am Ende der ersten Dekade seit der Wiedervereinigung sogar stärker befürwortet wird als Anfang 1990. Aus dieser vorläufigen Verifikation der Strukturhypothese leiten sich nicht nur Folgen für den Wert der Leistung ab, da höhere Anstrengungen in Ostdeutschland beim sozialen Verteilungsprinzip für das Einkommen irrelevant werden, sondern dies hemmt auch Werte der Selbstentfaltung bzw. der Freiheit und sagt etwas über deren Umgang aus.[12] Konträr dazu wird die Strukturhypothese falsifiziert, wenn sich das Leistungsprinzip auf die Arbeitsmoral bezieht, weil in diesem Fall die Ostdeutschen dem Wert stärker anhängen als die Westdeutschen. Erstaunlich ist dabei, dass

---

7Vgl. ebd., S. 18.
8Vgl. ebd., S. 14. Dahinter steht eine Gesinnung, die Institutionen, Obrigkeiten und andere Vorgaben nicht bekämpft, sondern unabhängig von der eigenen Präferenz duldet. Allerdings räumt der Autor ein, dass Akzeptanz in modernen Gesellschaften der Selbstbestimmung widerspricht, da beim Durchsetzen egoistischer Ziele nicht alles respektiert wird.
9Vgl. ebd., S. 14. Die Strukturhypothese ist als Wenn-Dann Hypothese und mit einer Ursache-Wirkungskausalität formuliert. Danach führen verschiedene Sozialverfassungen (unabhängige Wenn-Komponente) zum differenzierten Individualismus und zu anderen Ausprägungen der (abhängigen) Werte (Gleichheit, Leistung, Mitbestimmung, Akzeptanz).
10Vgl. ebd., S. 14-15.
11Vgl. für den allgemeinen Trend die Häufigkeit der Konstanz bei bestehenden Unterschieden ebd., Tabelle 2, S. 22.
12Vgl. ebd., S. 15-17. Nach anfänglicher Begeisterung in Ostdeutschland für das verteilungsorientierte Leistungsprinzip (Abb. 1) wurde es durch die hohe Arbeitslosenquote aufgrund des Umbaus von der Planwirtschaft zur Marktwirtschaft ohne Arbeitsplatzgarantien stark gedämpft. Folglich ist nicht nur die Sozialisation prägend für die Wertorientierung, sondern auch Situation bzw. Lebensverhältnisse, die sich im Zuge der Wiedervereinigung für die Bürger ergeben.

sich die Wirkung nicht bei den Strukturchancen des Individuums verursachen lässt, sondern auf das Diktat der DDR-Politik zurückgeht, da Leistung als Verantwortung gegenüber dem Kollektiv eingefordert wurde.[13] Nachdem Auftreten vorherrschender Unterschiede zwischen Ost- und Westdeutschen bezüglich der Werte – Gleichheit und Leistung – wird nun der Wert der Mitbestimmung genauer anhand der These überprüft. Während es beim politischen Interesse selbst keine Widersprüche gibt, da es z. B. durch Medien von außen angeregt wird, sind diese Gegensätze bei der "Politik im Sinne einer Realisierung von Wertansprüchen"[14] vorhanden, da sich Ostdeutsche seltener als "reine" Anhänger des Postmaterialismus bezeichnen. Kritischer ist der Wertewandel der Ostdeutschen in Bezug auf die Mitbestimmung in der Erziehung zu sehen. Es ist zweifelhaft, ob es sinnvoll war ein einheitliches in Ostdeutschland praktiziertes Bildungswesen durch ein differenziertes zu ersetzen und ob die vollständige Anpassung beider Teilstaaten im Erziehungswesen 1998 ertragreich war.[15] Mit dieser Aussage wird nahe gelegt, warum weder das eine Extrem der totalen Annäherung noch die andere Seite der Distanzierung zu favorisieren ist. Vielmehr wird die aufgeworfene These weiter gestützt werden, da das Festhalten an alten Werten ein beobachtbarer Trend ist. In der Lesart wirkt die Sozialisation der früheren DDR-Bevölkerung fort und kann sich durch entstehende Probleme in der Wendezeit verstärken, wobei Abgrenzung durch die Flucht in 'Vertrautes' ein nicht unübliches Resultat wär.

Was ist anders an der kritischen These und der Tatsache, dass eine gesellschaftliche Einigung und ein substanzieller Wertewandel im vereinten Deutschland bis heute nicht eingesetzt hat?[16] Es soll ein neuer Horizont aufgezeigt werden, da das oft öffentlich propagierte Prinzip der Einheit nicht annähernd der beigemessen Bedeutung gerecht wird. Folglich sind Vorstellungen über eine absolute Anpassung idealistisch und eher in die erste euphorische, nicht besonders nachhaltige, Zeit der Wiedervereinigung zu verorten. Abgesehen davon ist es schwer vorstellbar, wie besonders die ostdeutsche Elterngeneration ihre Sozialisation komplett ablegen soll. Schließlich wird vieles – oft unbewusst – nach diesem Schema, was dem kulturellen Gedächtnis ähnelt, wahrgenommen und beurteilt, wodurch sich Selbst- und Fremdbilder konstituieren. Vor diesem Hintergrund wird nachvollziehbar, warum Ostdeutsche mit westdeutschen Werten wie z.B. Selbstbewusstsein fälschlicherweise Arroganz verbinden. Zu guter Letzt bleibt folgende Erkenntnis: Es ist weitaus befruchtender, wenn sich beide Teilstaaten verständigen *und* verstehen, ohne auf die eigene Profilierung und auf das 'Identitätsbekenntnis' verzichten zu müssen. Dieser normative Anspruch ist nur realisierbar mit Hilfe einer toleranten Einstellung und einem gewissen Verständnis. Dafür braucht es Zeit und ein Maß kultureller Kompetenz, weil die Kenntnis über Werte und Mentalitäten genauso wichtig ist wie das Leben mit ihnen.

13Vgl. ebd., S. 17-18./ Vgl. ergänzend ebd., S. 21 und Abb. 5/6, S. 20. Nun soll kurz der Wert der Akzeptanz betrachtet werden, da sich dieser bezogen auf die Kirchgangshäufigkeit und die Kirchzugehörigkeit kaum in West- und Ostdeutschland verändert hat. Analog zum Leistungsbegriff bzgl.der Ar-beitsethik scheitert die Strukturhypothese auch bei der Akzeptanz der Religion, da die Ursache in der SED-Politik, dem Kampf gegen Religiösität und einsetzender Säkularisierung liegt. Folglich fällt die religiöse Selbsteinstufung der Ostdeutschen niedriger aus als die der Westdeutschen.
14Ebd., S. 19. Die politische Realisierung von Werten wird relevant, wenn endogene – im Innern liegende – Gründe (eine ökonomisch gut gestellte Generation) vorhanden sind und Themen (wie Umwelt) mehr auftreten.Vgl. Abb.3, S.18.
15Vgl. ebd., Abb. 4 und S. 19-21. Erste Anzeichen der sogenannten Wende vor der Wende finden sich in der Erziehung des Ostens, da Autonomie wichtiger wurde als Konvention. Dies geschah nicht durch das Diktat der Politik (wie bei der geforderten Mehrarbeit (Leistung) für das Kollektiv), sondern wegen Rebellion gegen staatliche Eingriffe ins Privatleben. Die Stärkung privater Selbstentfaltungswerte und die Bildung eines 'moralischen Bewusstseins' führte zur sog. "friedlichen Revolution"gegen die öffentliche Politik der Repression (Stasi) und des wirtschaftlichen Bankrotts.
16Mitbestimmung, in der sich beide ähneln, wird bewusst vernachlässigt, da dies verschiedene politische Ursachen hat.